Dans le **PETIT BAC DISNEY**, votre objectif est de vous séparer de vos cartes Lettre en trouvant des noms de personnages ou des titres de dessins animés qui commencent par les lettres que vous avez en main : le premier ou la première à poser toutes ses cartes remporte la partie !

MAIS ATTENTION, CERTAINES CARTES FONT PIOCHER LES AUTRES !

NOMBRE DE JOUEURS

de 2 à 6 joueurs

DURÉE

20 minutes environ

ÂGE

à partir de 8 ans

CE COFFRET CONTIENT :

76 cartes Lettre

44 cartes Thème

Retrouvez dans ce livret les règles du jeu et des listes non exhaustives de mots pour chaque thème.

RÈGLES DU JEU

Le jeu est composé de **76 CARTES LETTRE** violettes et de **44 CARTES THÈME** bleues. Le but du jeu est de se débarrasser en premier de toutes ses cartes Lettre. Celui ou celle qui y parvient remporte la partie !

MISE EN PLACE

Mélangez les cartes Lettre d'un côté et les cartes Thème de l'autre. Formez deux pioches.

Distribuez 7 cartes Lettre par joueur.

Le joueur dont le prénom est le plus long commence la partie.

DÉROULEMENT D'UNE MANCHE

Le premier joueur pioche une carte Thème, la lit à haute voix puis la place au centre de la table, accessible à tous. *(NB : ce joueur participe également à la manche !)*

La manche commence : attention, il n'y a pas d'ordre de jeu ! Tous les joueurs peuvent alors poser l'une de leurs cartes Lettre sur la carte Thème, en annonçant un mot commençant par la lettre de leur carte, et correspondant à la catégorie indiquée par la carte Thème.

Les cartes Lettre « Consonne » et « Voyelle » sont des cartes joker. Elles peuvent être utilisées comme n'importe quelle consonne ou voyelle.

Exemple : si le thème est « Personnages d'Aladdin », il est possible de poser une carte « J » (ou une carte « Consonne » !) en annonçant « Jafar ».

Il n'y a pas de limite au nombre de cartes qui peuvent être jouées. Dès qu'un joueur trouve une réponse, il peut poser sa carte et annoncer son mot.

VARIANTE

Pour les plus jeunes joueurs, ou pour un niveau de jeu plus simple, vous pouvez convenir de poser une carte lorsque le mot annoncé contient la lettre indiquée par votre carte.

FIN DE LA MANCHE

Une manche se termine quand :

- Un joueur pose une carte contenant la mention **STOP** :

Dans le cas d'une carte orange, le joueur qui l'a posée désigne un autre joueur qui pioche une carte Lettre.

Dans le cas d'une carte rouge, tous les joueurs piochent une carte, sauf le joueur qui l'a posée.

- Un joueur arrête celui ou celle qui vient de jouer en criant **« FIGITUS ! »** pour mettre en doute son mot. Dans ce cas, le dernier joueur à avoir posé une carte doit défendre sa proposition. Il peut pour cela consulter les listes – non exhaustives – classées par thème dans le présent livret, ou effectuer une recherche Internet.

Si la proposition est correcte, le joueur ayant stoppé la partie pioche une carte Lettre.

Si la proposition est fausse, le joueur qui s'est trompé pioche une carte Lettre.

- **Un joueur propose un mot qui a déjà été donné durant la partie. Il pioche alors une carte Lettre.**

- **Plus aucun joueur n'a de mot à proposer : le joueur qui a lu la carte Thème en cours compte lentement jusqu'à 5. Si, à 5, aucun joueur n'a posé de carte, la manche est terminée.**

NB : S'il n'y a plus de carte Thème ou de carte Lettre, mélangez les cartes défaussées et formez de nouvelles pioches.

MANCHE SUIVANTE

La carte Thème et les cartes Lettre utilisées sont défaussées. Pour la prochaine manche, c'est le joueur suivant, dans le sens des aiguilles d'une montre, qui lit une carte Thème puis la pose au centre de la table.

LETTRES INFERNALES : entre deux manches, il est possible de défausser l'une de ses cartes Lettre… en piochant en échange deux nouvelles cartes Lettre !

FIN DE PARTIE

La partie se termine dès qu'un joueur parvient à se séparer de l'ensemble de ses cartes Lettre. Il ou elle remporte la partie.

PRÉCISIONS CONCERNANT LES MOTS ACCEPTÉS :

- les articles des noms ne sont pas pris en compte : par exemple, « Génie » fonctionne pour G, mais pas pour L, comme dans « le Génie » ; « *Le Monde de Nemo* » fonctionne pour M, mais pas pour L.
- les noms composés fonctionnent pour la première lettre mais pas pour la seconde : par exemple, « Buzz l'Éclair » est accepté pour B mais pas pour E.
- les prénoms et les noms fonctionnent tous les deux : par exemple, « Thomas O'Malley » est aussi bien accepté pour T que pour O,
- les titres fonctionnent pour la lettre du titre comme pour la lettre du nom : par exemple, « Maître Hibou » est aussi bien accepté pour M que pour H, et « Roi Stéphane » est aussi bien accepté pour R que pour S.

LES LISTES

Les listes ci-dessous présentent des ensembles de mots pour chaque thème proposé dans le jeu. Elles sont fournies à titre indicatif et ne sont pas exhaustives.

Lorsqu'un thème « Personnages de film » est tiré, les personnages de ce film et de toutes ses suites sont acceptés.

PERSONNAGES D'*ALADDIN*

Abu, Aladdin, Cassim / Roi des Voleurs, Génie, Iago, Jafar, Jasmine, Rajah, Rasoul, Sultan, Tapis

PERSONNAGES D'*ALICE AUX PAYS DES MERVEILLES*

Alice, Bill le lézard, Chapelier Fou, Chat de Cheshire, Dinah, Dodo, Lapin Blanc, Lièvre de Mars, Reine Blanche, Reine de Cœur, Roi de Cœur, Tweetle Dee, Tweetle Dum

PERSONNAGES DES *ARISTOCHATS*

Adélaïde Bonnefamille, Amélia Jacasse, Amélie Jacasse, Berlioz, Billy Boss, Duchesse, Edgar, Frou-Frou, Georges Hautecourt, Hit Cat, Lafayette, le laitier, Marie, Oncle Peppo, Roquefort, Scat Cat, Toulouse, Thomas O'Malley

PERSONNAGES DE *BAMBI*

Bambi, Féline, Fleur, Miss Bunny,
Monsieur Hibou, Panpan

PERSONNAGES DE *LA BELLE AU BOIS DORMANT*

Aurore, Diablo, Flora, Maléfique,
Pâquerette, Pimprenelle, Prince
Philippe, Roi Stéphane

PERSONNAGES DU *BOSSU DE NOTRE-DAME*

Claude Frollo, Clopin, Djali, Esméralda, Madeleine, La Muraille, Phoebus, Quasimodo, La Rocaille, La Volière, Zephyr

PERSONNAGES DE *CENDRILLON*

Anastasie, Bruno, Cendrillon, Grand-Duc, Gus, Jaq, Javotte, Lucifer, Madame de Trémaine, Marie, Marraine la bonne Fée, Prince Charmant

PERSONNAGES DE *COCO*

Abel, Abuelita, Benny, Berto, Carmen, Ceci, Chicharrón, Coco, Dante, Elena, El Santo, Emcee, Enrique, Ernesto de la Cruz, Felipe, Franco, Frida Kahlo, Gloria, Gustavo, Héctor, Imelda, Juan Ortodoncia, Julio, Luisa, Manny, Miguel, Oscar, Pepita, Rosa, Rosita, Socorro, Victoria

PERSONNAGES DE *HERCULE*

Aphrodite, Apollon, Arès, Artémis, Athéna, Cerbère, Charon, Déméter, Dionysos, Hadès, Hélios, Héra, Hercule, Hermès, Mégara, les Muses, Panique, Pégase, Peine, Philoctète, Poséidon, Zeus

PERSONNAGES DES *INDESTRUCTIBLES*

Buddy, Edna Mode, Flèche, Frozone, Hélène/Elastigirl, Jack-Jack, Mirage, Robert/Monsieur Indestructible, Syndrome, Tony Rydinger, Violette

PERSONNAGES DU *LIVRE DE LA JUNGLE*

Akela, Bagheera, Baloo, Colonel Hathi, Kaa, Mowgli, Roi Louis, Shanti, Shere Khan, Personnages de Mickey, Daisy, Dingo, Donald, Max, Mickey, Minnie, Pat Hibulaire, Pluto, Roxanne, Personnages de Mulan, Chien Po, Chi-Fu, Cri-Kee, Fa Li, Fa Zhou, Grand-Mère Fa, Khan, Ling, Li Shang, Mei, Mulan, Mushu, Shan Yu, Su, Ting-Ting, Yao

PERSONNAGES DU *MONDE DE NEMO* ET DU *MONDE DE DORY*

Astrid, Bailey, Blenny, Boule, Bruce, Bubbles, Chumy, Corail, Crush, Darla, Deb, Destiny, Dory, Edouard, Enclume, Flo, Fluke, Gargouille, Gérald, Gill, Hank, Hippo, Jacques, Jenny, Marin, Monsieur Raie, Nemo, Perle, Philip Sherman, Philippe, Robert, Sheldon, Squiz, Ted, Titouan

PERSONNAGES DE *MULAN*

Les Ancêtres, Chien-Po, Chi-Fu, Cri-Kee, l'Empereur, Fa Zhou, Fa Li, Fa Deng, Général Li Shang, grand-mère Fa, Khan, Ling, la Marieuse, Mulan, Mushu, Petit Frère, Shan Yu, Shang, Yao

PERSONNAGES DE *PETER PAN*

Capitaine Crochet, Clochette, les Enfants perdus, George, Jane, Jean, Marie, Monsieur Mouche, Michel, Peter Pan, Tic-Tac, Wendy

PERSONNAGES DE *LA PETITE SIRÈNE*

Ariel, Chef Louis, Éric, Eurêka, Flash, Flotsam, Glut, Jetsam, Max, Melodie, Morgana, Polochon, Roi Triton, Sébastien, Tip, Ursula, Vanessa

PERSONNAGES DE *PINOCCHIO*

Cléo, Crapule, La Fée Bleue, Figaro, Geppetto, Grand Coquin, Jiminy Cricket, Monstro, Pinocchio

PERSONNAGES DE *RAIPONCE*

L'Amoureux, Attila, Bruiser, Flynn Rider ou Eugène Fitzherbert, les frères Stabbington, Mère Gothel, Greno, la Main Froide, Maximus, Pascal, Raiponse, la Reine de Corona, le Roi de Corona, le Satyre, Tor, Ulf, Vladimir

PERSONNAGES DE *LA REINE DES NEIGES*

Anna, Bulda, Cliff, Duc de Weselton, Elsa, Erik, Francis, Grand Pabbie, Gerda, Hans, Honeymaren, Kai, Kjekk, Kristoff, Marshmallow, Oaken, Olaf, Pabbie, Reine Iduna, Roi Agnarr, Ryder, Sitron, Sven

PERSONNAGES DE *ROBIN DES BOIS*

Adam de La Halle, Belle Marianne, Bobby, Corniaud, Croquenote, Dame Gertrude, Frère Tuck, Niquedouille, Pendard, Petit Jean, Prince Jean, Robin des Bois, Roi Richard, Shérif de Nottingham, Sis, Tagalong, Toby, Triste Sire

PERSONNAGES DU *ROI LION*

Kiara, Kion, Kovu, Mufasa, Nala, Nuka, Pumba, Rafiki, Sarabi, Sarafina, Scar, Simba, Timon, Vitani, Zazu, Zira

PERSONNAGES DE *TOY STORY*

Andy, Alien, Barbie, Bayonne, Bergère, Bouton d'or, Bonnie, Buzz l'Eclair, Fourchette, Jessie, Ken, Lotso, Madame Patate, Monsieur Patate, Papi Pépite, Pile-Poil, Rex, Sid, Siffli, Woody, Zig-Zag, Zurg

PERSONNAGES DE *VAIANA*

Grand-Mère Tala, Heihei, Lasalo, La'a, Loa, Lua, Matai Vasa, Maui, Mavia, Pua, Tamatoa, Te Fiti, Te Kā, Tolo, Tui, Sina, Vaiana, Vela

PERSONNAGES DE *VICE-VERSA*

Bing Bong, Bobby, Colère, Dave, Dégoût, Frank, Fritz, Gary, Jake, Jill Andersen, Joie, Jordan, le clown Django, Licorne Arc-en-ciel, Meg, Monsieur Andersen, Paula, Peur, Riley Andersen, Tristesse

PERSONNAGES DE *WINNIE L'OURSON*

Bourriquet, Coco Lapin, Grignotin, Jean-Christophe, Maître Hibou, Maman Gourou, Petit Gourou, Porcinet, Tigrou, Winnie

PERSONNAGES DE *ZOOTOPIE*

Benjamin Clawhauser, Bobby Catmull, Bonnie Hopps, Bucky Oryx-Antlerson, Chef Bogo, Dawn Bellwether, Delchaton, Dharma Armadillo, Doug Ramses, Dr Madge, Duke Weaselton, Emmitt Otterton, Fabienne Growley, Finnick, Flash, Francine, Fru Fru, Gareth, Gary, Gazelle, Gideon Grey, Grizzoli, Gromayer, Higgins, Jaguar, Jerry Jumbeaux Jr., Jesse, Judy Hopps, Koslov, Lary, Leodore Lionheart, Loufard, Madame Otterton, Michel, Mister Big, Nangi, Nick Wilde, Officier McCorne, Peter Moosebridge, Priscilla, Pronk Oryx-Antlerson, Raymond, Renato Manchas, Rugis, Sharla, Stuart Hopps, Travis, Trumpet, Walter, Yax

MICKEY, DONALD ET LEURS AMIS

Archibald Gripsou, Arsène, Balthazar Picsou, Bradford Buzzard, Bubba, Burger Rapetou, Castor Major, Della Duck, Don Karnage, Donald Duck, Édith McPicsou, Fergus McPiscou, Fifi, Flagada Jones, Général Lunaris, Gérard Mentor, Géo Trouvetou, Goldie O'Gilt, Gontran Bonheur, la Gonflette Rapetou, la Science Rapetou, Loulou, Ludwig Von Drake, Ma Rapetou, Mamie Baba, Mark Beaks, Miss Frappe, Miss Tick, Pat Hibulaire, Poischiche Rapetou, Riri, Zaza Vanderquack

LES SEPT NAINS DE BLANCHE-NEIGE

Atchoum, Dormeur, Grincheux, Joyeux, Prof, Simplet, Timide

ANIMAUX

Abigaëlle, Abner Countrymouse, Abu, Achille, Akela, Alpha, Amélia Jacasse, Amélie Jacasse, Amos, Ambrose, Andy la Fourmi, Angus, Archimède, Arlo, Astrid, Audrey, Bailey, Bambi, Barry, Bartholomée, Baylène, Bernard, Bianca, Bill le Lézard, Billy Boss, Blenny, Bluebelle, Bob, Bobby, Bonnie Hopps, Boris, Bouton d'or, Bucky l'Écureuil, Bull, Burny, Capitaine, Chef Bogo, Castor, Clarice, Cléo, Clochard, le Collectionneur, Colonel Hathi, Corbeau, Crapaud, Croquenote, Dame Gertrude, Dharma Armadillo, Diablo, Dinah, Dingo, Djali, Django, Donald, Duchesse, Duke Weaselton, Einstein, Emmitt Otterton, Éna, Eurêka, Fabienne Growley, Félicia, Féline, Finnick, Flash Slothmore, Fleur, Flit, Flotsam, Francis, Flunky, Frank, Frère Lapin, Frou-Frou, Fru Fru, Gadget Hackwrench, Gazelle, Georgette, Goliath, Grand Coquin, Grand Danois, Gunpowder, Gus, Hank, Heihei, Hit Cat, Iago, Janja, Jac, Jetsam, Judy Hopps, Kala, Khan, Koda, Lapin Blanc, Lafayette, Leodore Lionheart, Loup, Lucky, Lucifer, Lucy, Machiavelli, Madame Jumbo, Madame Otterton, Mademoiselle Écureuil, Maître Hibou, Maggie, Major, Marie, Maximus, Meeko, Mère Oiseau, Mia, Mickey, Miss Bunny, Mitaine, Mochi, Monsieur Blaireau, Monsieur l'Oie, Mouche, Mr Big, Mr Lézard, Mufasa, Nana, Napoléon, Nemo, Nick Wilde, Panpan, Pascal, Pataud, Petit Frère, Percy, Philibert, Pongo, Porc-Épic, Professeur Ratigan, Pua, Pumbaa, Rafiki, Rajah, Raksha, Rama, le Rat, Rémy, Rex, Rhino, Rolly, Roquefort, Roublard, Rufus, Samson, Sarabi, Scar, Scat Cat, Shere Khan, Sébastien, Spot, Stu Hopps, Suri, Sven, Tac, Tackery Binx, Talbot, Tamatoa, Tetrapodophis, Thomas O'Malley, Tic, Tigre, Tok, Triste Sire, Volt, Winnie, Yax, Zaza, Zazu

MÉCHANTS ET ACOLYTES

Anastasie, Bill Sykes, Brutus, Capitaine Crochet, Chernabog, Claude Frollo, Crapaud, Cruella d'Enfer, Dawn Bellwether, DeSoto, Doris, Dr Facilier, le Druun, Edgar Balthazar, Ernesto de la Cruz, Félicia, Flotsam, le Fou, Gaston, Grand Coquin, le Grand Méchant Loup alias Grand Loup, Hadès, L'homme au chapeau melon, Horace, Iago, Jafar, Jasper, Javotte, Jesse, Jetsam, Joanna, John Ratclliffe, Kaa, King Candy, Kronk, Lotso, Lucifer, Lyle T. Rourke, Madame Mim, Madame de Trémaine, Madame Médusa, Maléfique, la Méchante Reine, Mère Gothel, Mirage, le miroir magique, Monsieur d'Arque, Monsieur Mouche, Monstro, Nero, Panique, Papi Pépite, Pat Hibulaire, Peine, Percival McLeach, Prince Jean, Professeur Ratigan, la Reine de Cœur, Roscoe, Scar, Seigneur des Ténèbres, Shan Yu, Shere Khan, Sid, les frères Stabbington, Syndrome, Tamatoa, Ursula, Woolter, Yokai, Yzma, Zurg

OBJETS CLASSIQUES & OBJETS MAGIQUES

Attention, pour être acceptés, ces objets doivent être importants dans un film Disney ou Pixar !

Arc, Assiette, Baguette magique, Balai, Bâton, Berceau, Boussole, Chapeau, Chaudron magique, Coquillage magique, Cristal, Crochet, Cruche, Diamant du Bayou, Excalibur, Fiole de poison, Flèche, Fuseau, Fusil, Lampe magique, Médaillon vaudou, Miel, Miroir magique, Montre, Pantoufle, Plume magique, Poêle à frire, Pomme empoisonnée, Potion, Poudre magique, Robe de bal, Scanner de mémoire, Tapis volant, Tasse, Trompette

TITRES DE FILMS DISNEY ET PIXAR

1001 Pattes, Les 101 Dalmatiens, Aladdin, Alerte rouge, Alice au pays des merveilles, Atlantide, l'empire perdu, Les Aristochats, Avalonia, l'étrange voyage, Bambi, Basil, détective privé, La Belle au bois dormant, La Belle et la Bête, La Belle et le Clochard, Bernard et Bianca, Blanche-Neige et les Sept Nains, Le Bossu de Notre-Dame, Buzz l'Éclair, Cars, Cendrillon, Chicken Little, Coco, Dumbo, En avant, Encanto, Élémentaire, Fantasia, Fantasia 2000, Frère des ours, Hercule, Les Indestructibles, Kuzco, Là-haut, Lilo & Stitch, Le Livre de la jungle, Luca, Merlin l'Enchanteur, Mickey & Friends, Le Monde de Dory, Le Monde de Nemo, Les Mondes de Ralph, Monstres & Cie, Monstres Academy, Mulan, Les Nouveaux Héros, Oliver et Compagnie, Peter Pan, La Petite Sirène, Pinocchio, Planes, La Planète au trésor, Pocahontas, La Princesse et la Grenouille, Raiponce, Ratatouille, Raya et le dernier dragon, Rebelle, La Reine des Neiges, Robin des Bois,

Le Roi Lion, Rox et Rouky, Soul, Taram et le Chaudron magique, Toy Story, Vaiana, Vice-Versa, Volt, star malgré lui, Le Voyage d'Arlo, WALL•E, Winnie l'ourson, Wish, Zootopie

LES PRINCESSES DISNEY

Ariel, Aurore, Belle, Blanche Neige, Cendrillon, Jasmine, Mérida, Mulan, Pocahontas, Raiponce, Raya, Tiana, Vaiana

PERSONNAGES DE A À Z

A

A.J, Abby Mallard, Abby Park, Abigail Callaghan, Abu, Abuela Alma, Abuelita Rivera, Abuelo Pedro, Adella, L'Agent, Agustín Madrigal, Aigre Bill, Al McWhiggin, Aladdin, Alana, Alberto Scorfano, Alcmène, Alfredo Linguini, Alice, les aliens, Alisha Hawthorne, Alpha, Amadou Gentil, Amaya, L'âme damnée, Amélie Jacasse, Amélia Jacasse, Amos Slade, Amphytrion, Anastasie, Andrina, Andy Davis, Angus, les animaux de la forêt *(Alice aux pays des merveilles)*, Anita Radcliffe, Anna, Annie Bouée, Anton Ego, Antonio Madrigal, Aquata, Asha, Astrid, Archibald Gripsou, L'archidiacre, Archimède, Ariel, Arista, Arlo, Art, Arthur, Atchoum, Atta, Attina, Audrey Ramirez, Auguste Gusteau, Aurore, Auto

B

B.E.N, Babyface, Bacchus, Bagheera, Bailey, le balai, Baloo, Balthazar Picsou, Bambi, Banzaï, Barbie, Barley Lightfoot, Basil, Baymax, Bayonne, Bébé Noi, Belle, Belle Marianne, Ben Ali Gator, Benja, Benjamin Clawhauser, les Benson, Bergère/Bo Peep, Berlioz, Bernard, Bessie, Beta, la Bête, Bianca, Big Baby, Big Ben, Big Daddy, Big Mama, Bill Andersen, Bill le Lézard, Bing Bong, Blade Ranger, le blaireau, Blanche-Neige, Bobby *(Robin des Bois)*, Bobby *(Vice-Versa)*, Bobby *(Volt, star malgré lui)*, Bob Parr, Bob Razowski, Bonnie, Bonnie Hopps, Borgne, Boris, Bouh, Boulard, Boule, Boun, Bourriquet, Bouton d'Or, Brock Pearson, Brosse, Bruce, Bruno Madrigal, Brutus, Bubbha, Bubbles, Buck, Buck Cluck, Bucky, Buddy Pine, Bulda, Bull, Bunny, Butch, Buzz l'Éclair

C

Cad Spinner, le cafard, Cake, Calliope, Camilo Madrigal, Capitaine Amélia, Capitaine B. McCrea, Capitaine Crochet, Capitaine Gantu, Carl Fredricksen, les Cartes Soldats, Casey junior, Casita, Célia Mae, Cendrillon, César, Chaca, le Chapelier Fou, Charles F. Muntz, Charlie, Charlotte Leboeuf, le Charpentier, le chasseur, Chat du Cheshire, Chef, Chef Bogo, Chef Louis, Chef Tui, Chen Lee, le chef Powhatan, le chef Skinner, la chenille *(Rox et Rouky)*, la Chenille *(Alice au pays des merveilles)*, Chernabog, Chicha, Chichi, Chick Hicks, Chicken Little, Chien Po, Chivap, Ciccio, Clara Cluck, Clarabelle, Claude Frollo, Cléo, Clio, Clochard, Clochette, Clopin, Cobra Bubbles, le Cocher, Coco Lapin, Colère, Colette Tatou, le Colonel, Colonel Hathi, le Colporteur, Colt Bronco, Connie, le conteur, Cookie Farnsworth, le Corbeau, Corey la Manticore, Corniaud, Couette, Coup de tonnerre, Courant d'air, Crapaud, Crapule, Crésus Flairsou, Cri-Kee, le crocodile, Croquenote, Cruella d'Enfer, Crush, Cruz Ramirez, Cubby

D

Daisy, Dalben, Dame Gertrude, Daniela Paguro, Dante, Darla Sherman, Darling, Dave, David Kawena, David Quentin Dawson, Dawn Bellwether, Dégoût, le Démolisseur, Denahi, DeSoto, Destinée, Dinah, Dindon Léon, Dingo, Dinky, Dipper, Djali, Django, Doc Hudson, Docteur Delbert Doppler, le docteur Facilier, le docteur Sherman, le Dodo, Dolly, Dolores Madrigal, Don Carlton, Donald, Donald Dingue, Dormeur, Dory, Dottie, Doug, le duc de Welselton, Doyenne Hardscrabble, Duchesse *(Les 101 Dalmatiens)*, Duchesse *(Les Aristochats)*, Ducky, Duke Caboom, Duke Weaselton, Dumbo, Dusty Crophopper

E

Ed, Edgar, Edna Mode, El Chupacabra, Elastigirl, L'Elfe du printemps, Elinor, Ellie Fredricksen, Éloïse, Elsa, Emmitt Otterton, Émile, Enclume, Ercole Visconti, Ernesto de la Cruz, L'esclave du Miroir magique, Esmeralda, Ethan Clade, Eudora, Eurêka, EVE, Evelyn Deavor, Evinrude

F

Fa Li, Fa Zhou, Fagin, Fantôme Noir, la Fée Bleue, Féline, Félix Madrigal, Felix Fixe Jr., Fergus, Fidget, Fifi, Figaro, Fil, Filament, Fillmore, le Fils MacIntosh, Finn McMissile, Finnick, Fish, Flack Delamare, Flam Lumen, Flash McQueen, Flash Slothmore, Flèche Parr, Fleur *(Bambi)*, Fleurs *(Alice au pays des merveilles)*, Flex, Flit, Flo, Flora, Flotsam, Fluke, Flynn Rider/Eugène, Fourchette, Foxy Loxy, Francesco Bernoulli, Frank *(Vice-Versa)*, Frank McCay, Fred, Frère Tuck, Frou Frou, Frozone, Fru Fru

G

Gabby Gabby, Gaëtan la Taupe, Gamma, Gargouille, Gaston, Gazeem, Gazelle, les Géants de la Terre, Gédéon, Gene, le Génie, Génius, Géo Trouvetou, George *(Là-Haut)*, George Darling, George Sanderson, Georges Hautecourt, Georgette, Geppetto, Gérard, Gerda, Germaine, Gideon Grey, Gill, Giulia Marcovaldo, Go Go Tomago, Goldie O'Gilt, Gontran Bonheur, Goulue, le gouverneur Ratcliffe, Grand Coquin, Grand Gourou, Grand Pabbie, le grand prince de la forêt, Grand-mère Donald, Grand-mère Fa, Grand-mère Feuillage, Grand-mère Tala, Grièche, Grignotin, Grimsby, Grincheux, Griotte, Guido *(Cars)*, Guido *(Luca)*, Guimauve, Gurki, Gus *(Cendrillon)*, Gus Glouton, Gypsy

H

Hadès, Hamish, Hank, Hans des Îles du Sud, Harris, Harvey, Hathi, Hector, Heihei, Heimlich, Helectrix, Hélène Parr, Helga Sinclair, Henri J. Waternousse, Henry, Hercule, Hippo, Hiram Flaversham, Hiro Hamada, Holley Shiftwell, Honey Lemon, Honeymaren, Horace, Horace Badun, Hubert, les Huîtres, Hyacinth Hippo, l'Hydre.

I

Iago, Ian Lightfoot, Ida, M. Indestructible, Isabela Madrigal, Ishani

J

Jac, Jack-Jack, Jackson Storm, Jacques, Jaeger Clade, Jafar, James, Jasmine, Jasper Badun, Javotte, Jean-Christophe, Jean Darling, Jeannine Squibbles, Jenny *(Le Monde de Dory)*, Jenny Foxworth *(Oliver et Compagnie)*, JeSaisTout, Jessie, Jetsam, Jill Andersen, Jim Chéri, Jim Hawkins, Jiminy Cricket, Jin Lee, Jock, Joe Gardner *(Soul)*, Joe *(La Belle et le Clochard)*, Joey, John, Johnny Worthington, John Silver, John Smith, Joie, José Carioca, Joujou, Joyeux, Judy Hopps, Julieta Madrigal, Jumba, Junior, Jupiter

K

Kaa, Kai, les Kakamoras, Karting, Kay, Ken, Kenai, Kevin, Khan, Kida, Kocoum, Koda, Koslov, Kristoff, Kronk, Krushauer, Kuzco

L

Labrosse, Lady, Lafayette, le Lapin Blanc, La Muraille, La Rocaille, Laurel Lightfoot, La Volière, LeFou, le Lièvre de Mars, Le Loir, Léon Bogue, le loup, Libba Gardner, Lilipuce, Lilo, Ling, Li Shang, monsieur Litwak, Lord Dingwall, Lord MacGuffin, Lord MacIntosh, Lorenzo Paguro, Lotso, le roi Louie, Louis, Loulou, Luca Paguro, Lucifer, Luigi, Luisa Madrigal, Lulu, Lumière, Lyle Rourke

M

M. Indestructible, M. Litwak, M. Snoops, Machiavelli, Mack, MacGuffin, MacIntosh, Madame Adélaïde de Bonnefamille, Madame de Trémaine, Madame Jumbo, Madame la Présidente du Grand Conseil, Madame Médusa, Madame Mim, Madame Otterton, Madame Patate, Madame Samovar, la Main Froide, Maître Hibou *(Winnie l'Ourson)*, Maître Hibou *(Bambi)*, Maléfique, Mamá Coco, Mamá Imelda, Mama Odie, Mama Topolino, Manny-le-Magnifique, Marcel, Marie, Marin, Marraine la bonne fée, Martin, Mary Darling, Massimo Marcovaldo, Mattias, Maui, Maurice, Max, Maximus, Médusa, Meeko, Mégara, Meilin Mei Lee, Melpomène, la mère de Bambi, la Mère Oiseau, Merida, Mère Gothel, Merlin, Messire Hector, Michel Darling *(Peter Pan)*, Michel *(Soul)*, Mickey, Miguel Camino, Miguel Rivera, Milo Thatch, Ming Lee, Minnie, Mirabel Madrigal, Mirage, Miriam Mendelsohn, Miss Tick, Mister Big, Mitaine, Monsieur d'Arque, Monsieur Loyal, Monsieur Patate, Monsieur Raie, Monstro, Mor'du, Morph, le Morse, Mouche, Mowgli, Mr Big, Mrs Judson, Muche, Mufasa, Mulan, Mushu

N

Nakoma, Nala, Namaari, Nana, Nanaka, Nani Pelekai, Nanny, Napoléon, Nash, Nemo, Néron, Nessus, Nibs, Nick Wilde, Niquedouille, Nokk

O

Oaken, Olaf, Oliver, Olivia Flaversham, Oncle Picsou, Oncle Ugo, Orville

P

Pacha, Panchito Pistoles, Panique, Panpan, Papi Pépite, Pâquerette, Pascal, Pat Hibulaire, Paula, Peg, Pégase, Peine, Pendard, Penny *(Bernard et Bianca)*, Penny *(Volt, star malgré lui)*, Pepa Madrigal, Pepita, Pepper, Perceval McLeach, Percy, Perdita, Perle, Peter Pan, Peter Pegasus, Petit Duc, Petit Gourou, Petit Jean, Peur, Philibert, Philoctète, Phoebus, Pikly, Pile-Poil, Pimprenelle, Pinocchio, Piqueur, Plouc, Pluto, Pocahontas, Polochon, Pongo, Popop, le Porc-Épic, Porcinet, Powhatan, Princesse *(Les 101 Dalmatiens)*, Princesse Éloïse, le prince *(Blanche Neige et les Sept Nains)*, Prince Charmant *(Cendrillon)*, Prince Achmed, Prince Ali, Prince Éric, Prince Jean, Prince Naveen, Prince Philippe, Priya Mangal, Prof, Professeur Callaghan, Professeur Ratigan, Professeur Zündapp, Pua, Pumbaa

R

Rafiki, Raiponce, Rajah, Ralph, Ramone, Ramsey, Rapetou, Rasoul, Ratino, Ray, Raya, Raymond, Red, Reflux, Reine *(Les 101 Dalmatiens)*, la reine *(1001 Pattes)*, la reine *(Blanche-Neige et les Sept Nains)*, la reine *(Raiponce)*, la Reine de Cœur, la reine Élinor, la reine Iduna, la reine Moustoria, la reine Orhiane, Rémy, Renato Manchas, Rex, Rhino, Rictus, Riley Andersen, Ripslinger, Riri, Ritournel, Robin des bois, Rochelle, Roger Radcliffe, le roi *(Cendrillon)*, le roi *(Raiponce)*, Roi Agnarr, le roi Bedaine, le roi de Cœur, le roi Fergus, Roi Hubert, le roi Louie, le roi Nedakh, le roi Richard Cœur de Lion, le roi Runeard, Roi Stéphane, Roi Triton, Ronchon, Roquefort, Roscoe, Rosie, Roublard, Rouky, Rox, Rudder, Rudy, Rufus, Russel, Ryder

S

Sa Sucrerie, Sally Carrera, Samson, Sarabi, le satyre, Scamp, Scar, Scat Cat, Scroop, Scud, Seacher Clade, Sébastien, le Seigneur des Ténèbres, le Seigneur Pellinor, Sergent, Sergent Calhoun, Sergent Tibs, Shang, Shank, Shanti, Shan-Yu, Shelby Forthright, Shenzi, Shere Khan, le Shérif de Nottingham, Sid Philips, Simba, Simplet, Sina, Sir Miles Axlerod, Sisu, Sitka, Skinner, Skipper Riley, Slightly, Smokey, M. Snoops, la sœur d'Alice, la sorcière *(Rebelle)*, la sorcière *(Blanche Neige et les Sept Nains)*, Sox, Specter, Spot, Squiz, Squishy/Scott Squibbles, les Stabbington, Steve Van de Lune, Stitch, Stromboli, Stu Hopps, Sullivent/Sulli/Jacques Sullivent, Sultan, Sven, Sykes, Syndrome

T

Tac, Tadashi Hamada, Tagalong, Tamatoa, Tante Sarah, le Tapis volant, Taram, Tchac, Te Fiti, Te Kā, Terpsichore, Terri Perry, Terry, Terry Perry, Thalie, Thomas O'Malley, Tía Pepa, Tiana, Tic, Tigrou, Tilt, Timide, Timon, Timothée, Tío Bruno, Tipo, Tirelire, Tito, Titouan, Toby *(Basil détective privé)*, Toby *(Robin des Bois)*, Tong, Tony Rydinger, Tootles, Totoro, Toughy, Toulouse, Triste Sire/Père Siffleur, Tristesse, Trixie, Truc, Tuk Tuk, Tweedle Dee, Tweedle Dum, Twitch, Tyler Nguyen-Baker

V

La vache Abigail, Vaiana, Valentino, Vanellope von Schweetz, Veuve Lapin, Veuve Tartine, Vincenzo Santorini, Vinnie, Violette Parr, Vixy, Vlad, Volt, Vortex, Vulcain

W

WALL•E, Wasabi, Wee Dingwall, Wendy Darling, Wilden Lightfoot, Wilhelma Packard, Winnie *(Cars)*, Winnie l'ourson, Winston Deavor, Woody

Y

Yao, Yax, Yelena, Yen Sid, Yesss, Yéti, Yokai, Yzma

Z

Zazu, Zeus, ZigZag, Zip, Zizi, Zurg